MONNAIES

MÉDAILLES ET JETONS

FRANÇAIS ET ÉTRANGERS

VENTE AUX ENCHÈRES PUBLIQUES

HÔTEL DES COMMISSAIRES-PRISEURS, RUE DROUOT, N° 9

Salle n° 8, au 1er étage,

Les Lundi 5 et Mardi 6 Mai 1902

A 2 heures précises

EXPOSITION UNE HEURE AVANT CHAQUE VACATION

Commissaire-priseur :	*Expert :*
Me Maurice DELESTRE	M. J. FLORANGE
'E SAINT-GEORGES, 5	QUAI MALAQUAIS, 21

PARIS

La vente sera faite au comptant.

Les acquéreurs payeront, en sus des adjudications, dix pour cent.

L'exposition mettant les acheteurs à même de juger de l'état des pièces, aucune réclamation ne sera admise aussitôt l'adjudication prononcée.

M. J. Florange se charge des commissions qui lui seront confiées aux conditions habituelles (5 0/0 sur la limite).

Il se réserve le droit de diviser ou de réunir les lots.

MONNAIES

MÉDAILLES & JETONS FRANÇAIS & ÉTRANGERS

MONNAIES GRECQUES ET ROMAINES

1 Héraclée, Métaponte, Tarente (beau didrachme), Terine, etc. Arg. — 9 p.
2 Deniers de la République. — 25 p.
3 Deniers de la République. — 13 p.
4 Deniers de l'Empire. Arg. et bill. — 35 p.
5 Deniers de l'Empire. — 17 p.
6 *Valens*. Sou d'or à l'empereur debout. B.
7 Monnaies impériales en cuivre. Lot à diviser.
8 Monnaies impériales et médaillons faux. Cuiv.
9 *Lucius Vérus*. Joli médaillon du Padouan. Br.

MONNAIES FRANÇAISES

10 *Louis le Débonnaire* à *Henri IV*. Arg., bill. et cuiv. — 48 p.
11 *Charles VIII?* ✱ TVRONVS...FRANCIE Fleur de lis dans un trilobe. ℟. SIT, etc. Croix pattée dans un quadrilobe. Denier tournois. B.
12 *Charles IX*. Testons, etc. — 4 p.
13 *Henri III*. Quarts d'écu, etc. Arg. et cuiv. — 17 p.

14 *Charles X*. Quarts d'écu, etc. Arg. et cuiv. — 8 p.
15 *Henri IV*. Quarts d'écu, demi-franc, etc. Arg. et cuiv. — 25 p.
16 — Quart d'écu du Dauphiné, 1603. B.
17 — Quarts d'écu du Béarn et de Navarre. — 3 p. B.
18 *Louis XIII*. Quart d'écu frappé à Montpellier, 1643. TB.
19 — Quart d'écu, 1/2 franc, etc. — 6 p.
20 — Monnaies variées. Arg. et cuiv. — 66 p.
21 — Doubles et deniers tournois variés. — 42 p.
22 *Louis XIV*. Écu blanc et divisions. — 12 p.
23 — Demi-écus blancs frappés à Lyon, 1648 et 1649. — 2 p. TB.
24 — Demi-écu aux palmes, frappé à Amiens, 1694. B.
25 — Écu aux huit L, etc. Arg. et bill. — 17 p.
26 — Écu aux trois couronnes, etc. — 6 p.
27 — Monnaies de Barcelone, Lille, Strasbourg, etc. Arg. et cuiv. — 25 p.
28 — Monnaies variées. Arg. et cuiv. — 66 p.
29 *Louis XV*. Écu et divisions. Arg. et cuiv. — 26 p.
30 — Écus dont un avec la contremarque de Berne. — 2 p. B.
31 — Demi-écus et divisions. Arg. et cuiv. — 41 p.
32 — Monnaies coloniales. Arg. et cuiv. — 10 p.
33 *Louis XVI*. Écus et divisions. Arg. et cuiv. — 24 p.
34 — Quatre écus variés. B.
35 — Pièce de 24 sols, 1789 et écu, 1790. — 2 p. B.
36 — Demi-écu, 1790 (émission du 1er semestre). TB.
37 — Essai des fonderies de Maromme, 1790. Cuiv. TB.
38 — Demi-écu, 1791 (2[d] semestre). TB.
39 — Sol, Paris et Lille, 1791 (1er semestre). — 2 p. TB.
40 — Demi-sol et liard, 1791 (2[d] semestre). — 2 p. TB.
41 — Pièce de 15 sols, 1791. *Type constitutionnel*. B.
42 — Essai. Pièce de 2 sols, 1791, *sans lettre monétaire*. Cuiv. jaune. FDC.
43 — Pièces de 2 sols et de 12 deniers, 1791. — 4 var. TB.
44 — Pièce de 12 deniers, frappée en essai, 1791, Rouen. Cuiv. jaune. FDC.

45 — Essais de Dupré et de Duvivier. Concours de 1791. Plomb et cuiv. — 2 p.
46 — Monnaies divisionnaires. Arg. et cuiv. Gros lot.
47 — Dixains, 1791. Métal de cloche. Grand et petit module. — 2 p. B.
48 — Monnerons à la Liberté assise, 1791. 3 var. — FDC.
49 — Caisse de Bonne Foi. 3 sols et 6 blancs, 1791. — 2 p. B.
50 — Monneron au buste de J.-J. Rousseau. Tranche inscrite. TB.
51 — Demi-écu, 1792 (2[d] semestre). FDC.
52 — Écu de 6 livres au Génie, 1792 (1er semestre). *Type constitutionnel.* TB.
53 — Demi-écu au même type. FDC.
54 — 30 sols (Marseille), 2 sols, 12 deniers, 1792. — 8 p.
55 — Monneron de 5 sols au Serment, 1792. FDC.
56 — Monneron de 5 sols et d'un sol à l'Hercule, 1792. — 2 p. FDC.
57 — Monnerons de 2 sols, 1792. Type du n° 48. 2 var. — FDC.
58 — Pièce d'essai au Génie debout, 1792. — 2 var. FDC.
59 — Essai de Brezin au caducée ailé, 1792. FDC.
60 — Essai de Galle. Les Artistes réunis de Lyon. Métal de cloche. TB.
61 — 5, 10 et 20 sols de Lefèvre, Lesage et Cie, 1792. — 5 var. TB.
62 — 2 sols de Clemanson et Cie, Lyon, 1792. — 2 var. TB.
63 — Écu de 6 livres, 1793. Bayonne. Type du n° 52. TB.
64 — Demi-écu. Paris. Même type. TB.
65 — 30 sols, Lyon, 2 sols, etc. — 11 p.
66 **République**. 1, 2 et 5 sols du siège de Mayence, pièces contremarquées, etc. Arg. et cuiv. — 18 p. B.
67 — Monnerons variés, etc. Arg. et cuiv. Gros lot.
68 — Bons de confiance de 3 et 4 livres au profit des pauvres de Doudeville, district de Cany (Normandie). Papier. — 2 p. B.
69 **Consulat**. Pièce d'essai, an 8. Étain. 30 soldi de la République cisalpine, an 9. — 2 var. B.

70 — Pièce de 20 francs, an 10 avec L'ITALIE DÉLIVRÉE 'A (*sic*) MARENCO. Var. rare. TB.
71 — Pièce de 5 francs de la Gaule subalpine, an 10. TB.
72 — 1/2, 1 et 2 lire autrichiennes pour la Vénétie, 1800 et 1801 (guerre contre la France). — 3 p. B.
73 — 5 francs d'Auguste, du concours de l'an XI. Br. TB.
74 — Pièce de 5 francs de l'an XI. TB.
75 *Napoléon Ier*. Francs et divisions. Arg. et cuiv. — 15 p.
76 —. 2 zlote, 1813, Zamosc, et 5 et 10 cent. 1814, Anvers. — 4 p. B.
77 — 5 francs, 1813, Rome, etc. Arg. et cuiv. — 37 p.
78 *Joseph Napoléon*, roi des Deux-Siciles. Écu, 1808. B.
79 Le même, roi d'Espagne. Essai en étain de la pièce de 320 réaux, écus et monnaies variés. Arg. et cuiv. — 9 p.
80 *Louis Napoléon*, roi de Hollande. Écu à 50 stuiver, 1808. B.
81 — Pièce d'un florin, 1809. TB.
82 — Pièce de 10 stuiver, 1809, et monnaies coloniales. — 7 p. B.
83 *Jérome Napoléon*, roi de Westphalie. Épreuve uniface de l'avers de la pièce de 5 francs. Étain. TB.
84 — Pièces de 2 francs et d'un demi-franc, 1808. B.
85 — Écu de convention, 1811. TB.
86 — Même écu de 1812. B.
87 — Deux tiers d'écu, 1809. TB.
88 — 6e d'écu et divisions. — 11 p.
89 *Jérôme Napoléon*, *Murat*, etc. Arg. et bill. — 7 p.
90 *Joachim Napoléon*, duc de Berg. et de Clèves. Petit écu, 1806. TB.
91 Le même, grand-duc de Berg. Petit écu à ses armes, 1807. TB.
92 Le même, roi des Deux-Siciles. 5, 2 et 1/2 lire, 1813, etc. Arg. et cuiv. — 5 p. B.
93 *Félix et Élisa*, princes de Lucques et Piombino. 5 lire, 1805 et 1807 et lira, 1807. — 3 var. TB.
94 *Fréd.-Aug.*, grand-duc de Varsovie, *Bernadotte*, etc. Écu et divisions. Arg. et cuiv.

95 *Marie-Louise*, duchesse de Parme. 5 lire et divisions. — 7 p.

96 *Louis XVIII*. Pièce de 10 cent., 1814. Siège d'Anvers. Arg. TB. Rare.

97 — Anvers et Strasbourg. 10 et 5 cent. — 7 p. B.

98 Paris. Ange de paix du roi de Prusse, 1814. Module de 2 francs. Br. Tranche lisse. TB.

99 *Napoléon Ier*. 2 francs, 1815 et décime de Strasbourg, 1815. — 2 p. B.

100 *Louis XVIII*. Essai de la pièce de 5 francs de Trébuchet. Arg. Légende sur tranche. FDC.

101 *Louis XVIII, Charles X et Louis-Philippe*. Arg. et cuiv.

102 Autre lot semblable.

103 *Henri V*, prétendant. 5 francs et 1 franc, 1831 et pièce en cuiv. — 3 p. TB.

104 — Pièce au module de cinq francs. Coin de Tasset. Arg. FDC.

105 *Henri V*, prince de Monaco. 5 francs, 1837. Coin de Borrel et de Rogat. Arg. et étain. — 2 p. TB.

106 République de 1848 à nos jours. Arg. et cuiv.

107 Autre lot semblable (5 francs, 1870 et 1871, de la Commune). Arg. et cuiv.

108 Indo-Chine et Cochinchine. Piastre et division. Arg. et cuiv.

109 Monnaies féodales diverses. Arg. et cuiv.

MONNAIES ET MÉDAILLES ÉTRANGÈRES

110 Autriche, Bavière, Prusse, etc. Double thaler, thalers, etc. Arg. — 20 p.

111 Allemagne. *Léopold et Charles VI*. Cinq méd. variées. Br. et étain. TB.

112 *Charles VII*. Son élection, 1711 (C. Well. 7508). Étain. TB.

113 *François Ier*. Son élection et couronnement, 1745 (J. et F. 774, 776 et 785). Arg. et Br. — 3 var. FDC.

114 Buste de l'emp., à dr. ℟. Buste de Marie-Thérèse, à g. Coin de S., 1745. Arg. 29. mm. TB.

115 *Léopold II*. Son couronnement, 1790. Coin de Reich. Étain, *avec document explicatif* (J. et F. 928). TB.

116 Bavière. Brunswick, Prusse, etc. Br. et étain. — 6 p. TB.

117 Saxe-Meiningen. *Élisabeth-Ernestine-Antonie*, abbesse de Gandersheim. Son élection en 1713. Son buste à dr., posé sur un socle. ℟. TANDEM. Mitre et crosse sur un coussin. Br. Légende sur tranche. 44 mm. TB.

118 Francfort-sur-le-Mein. Couronnements de Charles VI, 1711, et de François II (États de Namur), 1792. Étain et Br. TB.

Voyez aussi nos 113 à 115.

119 Hambourg. La ville délivrée de la peste, 1714 (Amp. 2655). Étain. TB.

120 Hanau. Hommage à Guill. II de Hesse. Méd. de Loos, 1821 (Amp., 2100). Arg. TB.

121 Nuremberg. Arrivée de l'emp. Charles VI, 1712 (Amp., 1687). Étain. TB.

122 Passarowitz. Paix de 1718. Vue de Constantinople. ℟. Inscription dans une couronne (Szech, pl. 56, n° 54). Br. FDC.

123 — Même événement (Cat. Well., 7637). Br. FDC.

124 Prague. La ville délivrée de la peste, 1714. Étain. TB.

125 Rastadt. Paix de 1714 (C. Well., 7562, 7565, etc.). Étain, 3 var. TB.

126 Ratisbonne. La ville délivrée de la peste, 1714 (Amp., 1729). Étain. TB.

127 Vienne. La ville délivrée de la peste, 1714 (Cat. Well., 7571). Étain. TB.

128 *Starhemberg* (*E.-R.*, comte de), défenseur de Vienne contre les Turcs, 1683. Petite méd. (C. Well., 14841). Br. TB.

129 *Stift* (baron), médecin. Méd. relative au rétablissement de l'emp. d'Autriche, 1826. Arg. TB.

130 *Zornikel* (*T.-M.*), pasteur hambourgeois. Méd. de Loos, 1800 (C. Well., 15145). Arg. FDC.
131 Méd. au Saint-Georges et autre méd. religieuse. Étain et arg. TB.
132 Angleterre. Monnaies diverses. Arg. — 12 p.
133 — Monnaies et médailles en cuivre.
134 Belgique et Hollande. Médailles en bronze.
135 Méd. gravée au burin, relative à la mort de J.-J. Vansonnen, 1684. Arg., ovale à bélière 66 × 57. TB.
136 *Crul*, amiral hollandais. Sa mort à la prise de Saint-Eustache, 1781. Arg. 45 millim. FDC.
137 *Guillaume Ier*, roi des Pays-Bas. Méd. de Trébuchet, graveur français à Bruxelles, 1815. Br. FDC. Rare.
138 Belgique, Danemark, Pays-Bas, Russie et Suède. Écu et divisions. — 17 p.
139 Espagne. *Philippe V*. Bataille de Villaviciosa, 1710. Arg., 43 mm. B.
140 — *Charles IV*. Méd. de Sepulveda. Son buste à dr. ℟. AL MERITO, dans une couronne. Arg. 56 mm. TB.
141 — *Charles IV*. Les commerçants et fabricants de Barcelone, 1802. Arg.
142 — Trois autres méd. Arg. et br. TB.
143 — *Ferdinand VII*. Méd. en arg. — Autres pièces en cuiv.
144 Espagne et Portugal. Écus et divisions. — 8 p.
145 Italie, Lombardie, Milan, Naples, etc. Écus et divisions. — 8 p.
146 Toscane. Trois écus variés. B.
147 États pontificaux. Écus et divisions. Arg. et cuiv. — 139 p.
148 *Pie IX*. Pièce de 5 scudi, 1846. Or. FDC.
149 Lot de méd. papales. Arg. et cuiv.
150 *Benavides* (*M.-M.*), jurisconsulte padouan. Son buste à dr. ℟. Bœuf couché, à g. (Arm. I, 248, 2). Br. 29 mm. TB.
151 *Borghèse* (*J.-B.* prince). Méd . 1666. Br. 58 mm. TB.
152 *Colonna* (*Girolama*). Buste et la Pudeur deb. de face (Arm. I, 191, 22 var.). Br. 37 mm. B.

153 *Este (Hipp. d')*, cardinal. Son buste à g. ℞. Abraham à genoux devant trois personnes. Méd. de Federigo de Parme (Cat. Well., 13622). Br. 45 mm. TB.

154 *Maddalena*, de Mantoue. Son buste à dr. ℞. NON.SANA. Cygne sur un carquois (Arm. II, 101. 12). Br. 37 mm. TB.

155 Méd. italiennes diverses. Arg. et br.

156 Russie. Méd. diverses. Arg. et br.

157 *Irina*, épouse du maréchal prince Trusbetskoy. Sa mort, 1749. Méd. de Roettiers fils (Amp., 10061). Br. TB.

158 *Anastasie*, princesse Trubetskoy, épouse du landgraf de Hesse-Hombourg. Sa mort, 1755. Méd. de Roettiers fils, (Amp., 10062). Br. TB.

159 Empire ottoman, Japon, États-Unis d'Amérique, Mexique, etc. Arg. et cuiv. — 23 p.

160 Guatemala, Bolivie, Colombie, Pérou, Brésil, etc. Arg. — 11 p.

161 Médailles et jetons. — 10 p.

162 Collection de médailles religieuses.

163 Grand lot de monnaies de cuivre.

JETONS

164 Écuries du roi. Buste de Louis XV, à dr. ℞. Cheval galopant à dr. Coin de Marteau de 1740. Arg. TB.

165 Chambre aux deniers. Paon faisant la roue et marchant, à g. ℞. + SIT.NOMEN DNI BENEDICTV. Deux tiges fleuries entrelacées dans un quadrilobe. Cuiv. B. Très rare.

166 — 1659. Écus de France et de Navarre. ℞. PRO REGE LABORENT. Essaim d'abeilles. Arg. TB.

167 — 1694. Tête de Louis XIV, à dr. ℞. SVMMVS. HONOS.MINISTRARE.IOVI. Personnage vidant une urne. Arg. TB.

168 — 1706. Tête de Louis XIV, à dr. ℟. INARATA QUOT ANNIS REDDIT. Faucheur dans un champ. Arg. TB.

169 — 1721. Buste de Louis XV, à dr. ℟. COELESTIBUS ILLA MINISTRAT. Hébé versant l'ambroisie à Jupiter assis auprès d'une table. Arg. TB.

170 — 1733. THURA JOVI NECTARQUE FERO. La déesse de la Terre couchée et entourée de pampres et de gerbes. Arg. Troué, mais TB.

171 — 1746. FIDES ASSEQUA JOVIS. Hébé (?) versant l'ambroisie à Jupiter assis sur des nuages. Arg. TB.

172 — 1750. REGALI SPLENDET USU. Le rameau d'or. Arg. TB.

173 — 1757. STUDIUM GLORIAQUE RIGANTIS. Jardinier arrosant un lis. Arg. TB.

174 Bâtiments, 1693. Tête de Louis XIV, à dr. ℟. TIBI. MAGNE.TROPHAEA.QVANTA.PARANT. Minerve assise, mesure sur un plan la statue équestre du roi. Arg. TB.

175 — 1709. TALI AUSPICE GAUDENT. Minerve assise. Arg. B.

176 — Sans date. Buste de Louis XV, à dr. Coin de Rœttiers fils. ℟. QUID NON ARTE VALET. Caducée ailé ; derrière, les jardins de Versailles. Arg. TB.

177 — 1744. Buste du roi, à dr. Coin de Marteau. FORTIOR QVO RECTIOR. Niveau. Arg. TB.

178 — 1752. Autre buste. Coin de Marteau. ℟. MOLITUR GRANDIA. Minerve, assise à g., étudiant un plan déroulé sur une table. Arg. TB.

179 — 1756. MOX HOSPITE DIGNA. Façade du Louvre en réparation. Arg. TB.

180 — Tête de Louis XVI, à dr. Coin de Duvivier. Revers précédent. Arg. TB.

181 — Buste de Louis XVI, à g. Coin de Trébuchet. Revue du n° 177. Arg. B.

182 Argenterie du roi, 1703. Arc-en-ciel. Cuiv. B.

183 — 1727. MUTAT FACIES SEMPER QUE DECENTER. Deux femmes debout. Arg. TB.

184 Menus plaisirs et affaires de la Chambre, 1703. Tête de Louis XIV, à dr. ℟. REX.NOBIS.HÆC.OTIA. FECIT. Personnages assis, jouant des instruments différents. Cuiv. FDC.

185 — 1716. Buste de Louis XV enfant. ℟. Femme jouant de la lyre. Cuiv. TB.

186 — 1747 Tête de Louis XV, à dr. ℟. VICTORIS OTIA FALLUNT. Muses et génies. Arg. TB.

187 Trésorerie générale de la maison du roi. Buste de Louis XVI, à dr. ℟. Deux L entrelacés sous une couronne. Arg. TB.

188 Secrétaires du roi, 1693. Tête de Louis XIV (Coin de Nilis) et essaim d'abeilles. Arg. TB.

189 — Autre variété de 1705. Coin de Th. Bernard. Arg. TB.

190 — Autre variété de 1711. Coin de Th. Bernard. Arg. TB.

191 — Autre variété de 1724. Buste de Louis XV. Coin de Leblanc. Arg. FDC.

192 — Même pièce de 1724. Coin de Duvivier. Arg. B.

193 — Autre variété, 1731. Coin de Rœttiers fils. Arg. FDC.

194 — Même pièce. Coin de Marteau (vers 1740). Arg. TB.

195 — Autre variété de 1731. Coin de Marteau. Buste cuirassé. Arg. TB.

196 — Autre variété de 1731. Coin de Duvivier. Buste cuirassé. Arg. TB.

197 — Autre variété, 1776. Buste de Louis XVI à g. Coin de Droz. Arg. TB.

198 Grand Conseil, s. d. (vers 1661). LVD.14.IMPERIVM SINE FINE DEDI. Buste de Louis XIV, à dr. ℟. MAGNO CONSILIO. Sceptre et main de justice posés en sautoir et entourés d'un ruban portant la devise : VNICO VNIVERSVS ; au-dessus, un soleil rayonnant ; au-dessous, le globe terrestre. Arg. TB.

199 Conseil du roi, 1577. Écusson de France couronné et entouré du collier de l'ordre de Saint-Michel. ℟. +

VINCET.AMOR.PATRIAE. Couronne de laurier accrochée à un chêne. Arg. B.

200 — 1616. Écu de France couronné et entouré des colliers des ordres du roi. ℟. COELVM.FIDA.FOEDERA. FIRMAT. Soleil au-dessus d'un laurier autour duquel serpente une vigne. Arg. TB.

201 — 1618. Avers précédent. ℟. NVNC.MAIOR.MAIORA. DOMAT. Deux bras sortant des nues, l'un tenant deux serpents, l'autre une massue; au-dessous, l'hydre décapitée. Arg. TB.

202 — 1621. ℟. SPENDIDIOR.MOTV. Miroir carré placé sous les rayons du soleil. Arg. B.

203 — 1623. ℟. MVNDVM.LVSTRAVIT.AB.ORTV. Soleil au-dessus d'un paysage. Arg. B.

204 — 1631. ℟. FREGIT.MONTES.PACEMQVE.REDVXIT. Nuage d'où sortent deux bras, l'un tenant un foudre, l'autre une branche de laurier; au-dessous, paysage montagneux. Arg. B.

205 — 1636. ℟. HÆC META LABORVM. Bras sortant des nues et armé d'une massue, frappe l'hydre. Arg. TB.

206 — 1644. ℟. LAETA DEVM PARTV. Anne d'Autriche avec ses deux enfants, dans un char attelé de deux lions marchant vers la dr. Arg. TB.

207 — 1645. ℟. NOSTRIS.PARS.REDDITA.TERRIS. Place forte maritime vue à vol d'oiseau (allusion à la prise de Gravelines). Arg. TB.

208 — 1649. ℟. ORDINE.POLLENT. Table couverte d'un tapis sur lequel on voit des jetons ou des monnaies. Arg. B.

209 — 1656. ℟. COLLIGIT.VT.SPARGAT. Fontaine. Arg. TB.

210 — 1658. ℟. NASCVNTVR VBIQVE. Sur un rocher abrupt, une forteresse entourée de trois lis (allusion à la prise de Montmédy). Arg. B.

211 — 1659. ℟. VLTIMVS.IMMINET.ICTVS. Main céleste tenant un faisceau d'où sort une hache et frappant un lion terrassé. Arg. B.

212 — 1660. R/. ÆTERNO.FŒDERE.IVNGAM. Plan de l'île des Faisans. Arg. TB.

213 — 1661. PACI.ÆTERNÆ.PACTISQVE.HYMENEIS. Arc de triomphe (paix des Pyrénées, entre le roi et le duc de Lorraine, et mariage du roi). Arg. B.

214 Avocats aux conseils. Buste de Louis XV à dr. Coin de Rœttiers fils. R/. Dans le champ, en six lignes : AVOCATS AUX CONSEILS DU ROY CRÉÉS PAR EDIT DE SEPTEM^{B}, 1738. Arg. FDC. Très rare.

215 Procureurs de la cour. La Justice assise à g. R/. La Justice et la Paix deb., se donnent la main; à l'exergue, 1713. Arg. TB.

216 — Avers précédent. R/. Buste cuirassé de Louis XV, à dr. Coin de Duvivier de 1751. Arg. TB.

217 — Avers précédent. R/. Tête de Louis XV, à dr. Coin de Rœttiers fils. Arg. TB.

218 Trésor royal, 1681. Tête de Louis XIV, à dr. R/. VEHIT. NON.SERVAT. Aqueduc. Arg. B.

219 — 1684. INTACTAS REDDIT. Soleil au-dessus de nuées se répandant en pluies. Arg. B.

220 — 1698. LOCVPLES.CONTINENTE.RIPA. Rivière dans un paysage boisé. Arg. B.

221 — 1704. NON DEFLUET. Fleuve couché, appuyé sur son urne. Arg. B.

222 — 1713. SVA CVIQVE MINISTRAT. La forge de Vulcain. Arg. TB.

223 — 1722. Buste de Louis XV, à dr. R/. COPIA NON DEERIT. Corne d'abondance. Arg. TB.

224 — 1725. LATE SUA DONA REPENDIT. Le Nil appuyé sur une urne. Arg. TB.

225 — 1736. PRINCIPIS ÆRARIUM ÆRARIUM POPULI. Ruche d'abeilles. Arg. FDC.

226 — 1737. Même pièce. Arg. FDC.

227 — 1745. UT ITERUM FLUANT. Un fleuve déversant son urne dans la mer. Arg. FDC.

228 — 1755. DIVISUS PRODEST. Un fleuve versant l'eau de son urne dans plusieurs canaux. Arg. TB.

229 — 1758. DANT ACCIPIUNT QUE VICISSIM. Neptune deb. à côté de deux fleuves qui lui présentent leurs urnes. Arg. FDC.

230 — 1758. Autre variété de coin. Arg. TB.

231 Parties casuelles, 1714. Tête de Louis XIV, à dr. ℟. NON JAM FATALIA TERRENT. Le vaisseau des Argonautes en constellation. Arg. TB.

232 — 1715. MUTAVIT INCERTOS HONORES. Bacchus montrant à Ariane une couronne d'étoiles. Arg. TB.

233 — 1725. Buste de Louis XV, à dr. ℟. ÆTERNA JUVENTUS. Serpent rampant entre des arbustes. Arg. TB.

234 — 1729. EST LUCRO QUODCUMQUE PERIT. Atelier d'un lapidaire. Arg. TB.

235 — 1745. DECET ESSE PARENTEM. Oiseau couvant des œufs et s'arrachant des plumes. Arg. FDC.

236 Procureurs des comptes, sans date. PROCURANT SOLITA RATIONE QUIETEM. Alcyons construisant un nid au milieu de la mer. ℟. ET IN MEDIUM QUÆSITA REPONUNT. Abeilles volant vers une ruche placée à g.; à l'exergue : BOURSE COM. DES. P[RS] DES COMPTES. Arg. doré. B.

237 — 1706. Tête de Louis XIV, à dr. Revers pareil au précédent, mais la ruche est placée à d. Cuiv. TB.

238 — 1708. Buste de Louis XIV, à dr. Revers semblable à l'avers du n° 236. Cuiv. TB.

239 — Avers pareil au revers du n° 237. Revers précédent. Arg. TB.

240 Ordinaire des guerres, 1697. Buste de Louis XIV, à dr. ℟. OMNIBUS.IDEM.ANIMVS. Une compagnie de lions. Arg. FDC.

241 — 1708. NON IMPUNE MOVETUR. Foudre. Arg. TB.

242 — 1733. PRÆSIDIUM ET DECUS. L'égide de Pallas couverte de son casque. Arg. B.

243 — 1736. AD UTRUMQUE PARATUS, Mars assis sur un monceau d'armes et appuyé sur un bouclier aux armes de France, entre un laurier et un olivier. Arg. TB.

244 — 1743. DURANDO SÆCULA VINCIT. Un chêne. Arg. FDC.

245 — 1749. PACATO ORBE QUIESCIT. Hercule debout. Arg. B.

246 — 1757. DISCITE JUSTITIAM. Jupiter foudroyant les Géants. Arg. FDC.

247 — 1757. Même pièce avec variété de coin pour l'avers Arg. TB.

248 Extraordinaire des guerres et cavalerie légère, 1640. Allusion à la prise de Turin. Arg. TB.

249 Extraordinaire des guerres, sans date (Louis XIII). Écus de France et de Navarre. ℟. POSITO.IAM. FVLMINA.VINCAM. Aigle sur les nues, tenant des épis et des fleurs ; au-dessous, des villes. Arg. B.

250 — 1684. Buste de Louis XIV, à g. ℟. VÆ.CVI. TRATVS.IVPITER. Éclairs sortant des nuages. Arg. B.

251 — 1707. Buste du roi, à dr. ℟. TERRITAT ET LÆSUS. Sanglier blessé d'une flèche. Arg. B.

252 — 1718. Buste de Louis XV, à dr. ℟. IMPERIOSA QUIES. Lion couché au pied d'un rocher. Arg. B.

253 — 1720. BELLI PACISQUE SEQUESTER. Guerrier vêtu à l'antique, debout. Arg. TB.

254 — 1730. PACEM NON BELLA CIENT. Trompettes et tambours. Arg. TB.

255 — 1734. JUSSA VOLANT. Foudre dans les nuages. Arg. FDC.

256 — 1745. FULMINAT INVITUS. Jupiter sur un nuage lançant la foudre sur une ville qui paraît déjà toute en feu. Arg. TB.

257 — 1746. HOSTILI REGNAT IN ARVO. Animaux fuyant devant un lion. Arg. TB.

258 — 1752. DOCTUS ITER MELIUS. Mars guidé par un génie, marche à g. Arg. TB.

259 — 1758. SIC FŒDERA SANCIT. Hercule abattant les Centaures à coup de massue. Arg. TB.

260 — 1762. BELLA MANU PACEMQUE GERO. Minerve deb. de face. Arg. TB.

261 — 1763. NON FRANGITUR. Chêne exposé aux vents. Arg. TB.

262 — 1764. PACIS TUTELA DECUSQUE. Trophée d'armes. Arg. TB.

263 — 1767. NON SOPOR SED QUIES. Hercule couché. Arg. TB.

264 — 1768. CRESCIT AB ASPECTU VIS ET DECOR. Soleil au-dessus d'une campagne. Arg. TB.

265 — Même pièce, mais au buste habillé de Louis XV. Coin de Duvivier. Arg. TB.

266 — 1769. Avers précédent. ℟. DULCIA VINCLA. Femme mettant les fers aux pieds d'un guerrier assis et vêtu à l'antique. Arg. TB.

267 — 1770. Tête du roi, à dr. ℟. IN VIA NULLA VIA EST. Lion sur des rochers. Arg. TB.

268 — 1771. Buste de Louis XV, à dr. Coin de Roettiers. ℟. PATRIAS EXERCET AD ARTES. Aigle et aiglons. Arg. TB.

269 — 1776. Tête de Louis XVI, à dr. ℟. NEC PAX SINE ARMIS. Minerve debout. FDC.

270 — 1777. PACEM ARMA TUENTUR. La Paix debout et Mars assis. Arg. TB.

271 — 1778. IN NOXIIS INNOXIÆ. Ruche entourée d'abeilles. Arg. FDC.

272 Artillerie et Génie. Buste de Louis XV, à dr. Coin de Roettiers. ℟. ET PLACIDO METUENDA JOVE. Le Génie militaire assis auprès de canons et de mortiers. Arg. FDC.

273 Artillerie, 1733. Même avers. ℟. JOVIS QUO JUSSERIT IRA. Foudre au-dessus du globe terrestre. Arg. TB.

274 — 1738. Même avers. ℟. SOMNO CONCIPIT IGNES. Dragon au pied d'un arbre. Arg. TB.

275 Marine, 1756. Tête de Louis XV, à dr. ℟. VIS INSITA MAIOR. Aigle au-dessus des Vents qui soufflent sur la mer. Arg. FDC.

276 Connétablie et maréchaussée, s. d. Arg. TB.
277 Invalides de la Marine. Centenaire de cette institution, 1773. Buste de Louis XV, à dr. ℟. LUD.XV.MAJORUM EXEMPLIS AD MAJORA INVITANTI. Statue de Louis XV entre deux colonnes portant les bustes de deux personnages. Arg. Octog. TB.
278 Compagnie des Indes, 1785. Buste de Louis XVI, à dr. ℟. Les armes de la Compagnie. Arg. Octog. TB.
279 Ordre de Saint-Louis. Trois jetons variés de Louis XV et XVI. Arg. B. et TB.
280 Ordre du Saint-Esprit, 1701. Buste de Louis XIV, à dr. Coin de Roussel. ℟. Le Saint-Esprit entouré de flammes. Cuiv. FDC.

PARIS

281 Étrennes de 1652 (D'Affry 48 de 1653). Cuiv. B.
282 Tête de Louis XV. ℟. Vue de la ville de Paris (D'Affry 68 et 70). Cuiv. et Arg. — 2 p. B.
283 Buste de Louis XVI, à g. Coin de Droz. ℟. Vue de l'Hôtel de Ville (D'Affry 75 var.). Cuiv. B.
284 Procureurs du Châtelet, 1710. Tête de Louis XIV, à dr., Coin de Bernard. ℟. VIGILAT SUARUM SALUTI. Coq gardant ses poules. Arg. TB.
285 — Même pièce en cuivre. FDC.
286 — 1718. Buste de Louis XV, à dr. ℟. UMBRAS PRIMA RESOLVIT. Le char de l'Aurore. Arg. TB.
287 — 1766. Buste de Louis XVI, à g. Revers semblable au précédent. Coin de Lorthior. Arg. FDC.
288 Huissiers à cheval au Châtelet, 1761. Buste de Louis XVI, à dr. Coin de Gatteaux. ℟. SOLIS INFENSUS INIQUIS. Aigle tenant un foudre et s'élevant dans les airs ; au-dessous le mot : GALLIA. Arg. TB.
289 Greffiers du Châtelet. Avers du n° 283. ℟. HIC FUNDIT ORACULA THEMIS. Stalles. Arg. TB.

290 Conseillers de ville, 1702 (D'Affry 305). Cuiv. TB.
291 Syndics généraux des rentes de l'Hôtel de Ville, 1706 (D'Affry 316). Cuiv. FDC.
292 Autre variété de 1707, avec la façade de l'Hôtel de Ville (D'Affry 317). Cuiv. FDC.
293 Contrôleur des rentes, 1711. Tête de Louis XIV, à dr. Coin de Bernard. ℟. PER ME CERTA FIDES. Main sortant des nues et comptant de l'argent répandu sur une table couverte d'un tapis (D'Affry 321). Arg. TB.
294 — Buste de Louis XV, à dr. Coin de Duvivier. ℟. UT SIT CUIQUE SUUM. Registre ouvert et de l'argent sur une table ; au-dessus, un œil (D'Affry 323). Arg. TB.
295 Receveurs payeurs des rentes. Buste de Louis XIV, à dr. Coin de Bernard (D'Affry 324 var. dans l'avers). Cuiv. FDC.
296 Payeurs des rentes, 1709 (D'Affry 325). Cuiv. FDC.
297 Syndics des tontines, sous Louis XIV (D'Affry 331). Cuiv. FDC.
298 Le premier corps des marchands, 1699. Arg. TB.
299 Apothicaires et épiciers, 1710. Leurs armes. Arg. TB.
300 Barbiers et perruquiers, 1719. Saint Louis debout tenant la main de Justice et la couronne d'épines. Arg. TB.
301 Boulangers sous Louis XVIII. Arg. TB.
302 Caisse d'escompte établie en 1776 (rue Vivienne). Jeton de Branche (vers 1789). Arg. Octog. FDC.
303 Charrons. 1787. Tête de Louis XVI, à dr. ℟. Sainte Catherine debout. Cuiv. TB.
304 Commissaires-mouleurs de bois, 1711. Écusson de Sainte Geneviève. Cuiv. AB.
305 Commissaires-priseurs. Huissiers. Cuiv. 2 var. TB. et B.
306 Corroyeurs sous Louis XVI. ℟. Les porteurs de la châsse de saint Merry. Cuiv. B.
307 Distillateurs, marchands d'eau-de-vie. Buste de Louis XV, à dr. ℟. Le roi saint Louis à genoux. Cuiv. FDC.
308 Experts greffiers des bâtiments sous Louis XIV. Arg. TB.
309 Gardes marchands de vins. Arg. et cuiv. 2 var. TB.

310 Jurés vendeurs contrôleurs de volailles. Buste de Louis XV, à dr. ℞. Adam et Ève dans le paradis. Arg. B.

311 Maçons sous Louis XVI. Cuiv. TB.

312 Marchands de vins, 1657 et 1691. Cuiv. 2 var. FDC et TB.

313 Merciers, 1682. Saint Louis debout. Cuiv. B.

314 Notaires-conseillers du roi, 1700. Cuiv. FDC.

315 Passeurs d'eau sous Louis XVI. Cuiv. TB.

316 Pêcheurs. Denier parisis frappé au xvie siècle (*Revue numism.* 1888). Laiton. TB.

317 Porteurs de charbon, 1732 et 1760. Cuiv. 2 var. B.

318 Serruriers sous Louis XVI. Métal de cloche. B.

319 Tapissiers, 1752. Buste de Louis XV et saint Louis deb. Arg. B.

320 Teinturiers de bon teint sous Louis XV. Arg. FDC.

321 Vendeurs de poissons de mer sous Louis XIV. Cuiv. TB.

322 Officiers vendeurs de poissons de mer sous Louis XV. Cuiv. FDC.

323 Académie française, 1677. Buste de Louis XIV. Coin de Loir. Arg. B.

324 — 1702. Buste du roi. Coin de Hercule Le Breton. Arg. TB.

325 — s. d. Buste de Louis XVI, à dr. Coin de Gatteaux. Arg. TB.

326 — s. d. Tête de Louis XVI, à g. Coin de Duvivier. Arg. Grand module. TB.

327 Académie des sciences. Tête de Louis XV, à dr. Coin de Marteau. Arg. TB.

328 — Buste de Louis XVI, à dr. Arg. FDC.

329 — Même pièce. Avers d'un coin varié. Cuiv. B.

330 Académie des Inscriptions et Belles-Lettres, 1717. Buste de Louis XV, à dr. Arg. TB.

331 — s. d. Tête de Louis XV, à dr. Coin de Roettiers. Arg.

332 — s. d. Tête de Louis XVI, à dr. Coin de Duvivier. Arg. TB.

333 — s. d. Buste de Louis XVI, à dr. Coin de Duvivier. Cuiv. Grand module. FDC.

334 Université, 1699. Charlemagne à mi-corps. ℞. Les armes de l'Université. Arg. TB.
335 — Les armes de l'Université. ℞. En trois lignes, le nom du titulaire gravé au burin : P.LOUIS YSORE, 1750. Cuiv. Grand module. TB.
336 Collège royal. Tête de Louis XVI, à dr. ℞. Cartouche aux armes du Collège. Arg. TB.
337 Collège Louis-le-Grand, 1763. Cuiv. TB.
338 Académie de peinture et de sculpture. Buste de Louis XVI, à g. Coin de Duvivier. Revers exécuté en 1764 par Roettiers fils. Arg. TB.
339 — Même jeton en cuivre. TB.
340 Académie de chirurgie construite, 1691. Tête de Louis XIV, à dr. ℞. Vue de l'amphithéâtre anatomique. Cuiv. B.
341 École royale de chirurgie, 1690. Buste de saint Louis. ℞. Les armes de l'école. Cuiv. B.
342 Chirurgiens, 1635 NE PARS SINCERA TRAHATVR. Bras amputé. ℞. VIX NATA EXTINGVITVR. Boule enflammée au milieu de la mer. Cuiv. TB.
343 Communauté des barbiers-chirurgiens, 1651. Leurs armes. ℞. IMMEDICABILE.ENSE.RESCINDENDVM. Personnage coupant la branche morte d'un arbre. Cuiv. TB.
344 Val-de-Grâce. Jeton des bâtiments du roi. Cuiv. AB.
345 Soc. royale de médecine sous Louis XVI. Cuiv. B.
346 Assemblée du clergé, 1650 et 1665. Cuiv. 3 var. B.
347 — 1675. Onze prélats assis et fleurs de lis. Cuiv. B.
348 — 1715. L'Arche sainte portée par les lévites et légende. Cuiv. B.
349 — 1735. Inscription dans une couronne. ℞. VOTIS PACEM DONIS TRIUMPHOS. La Religion devant un autel. Arg. FDC.
350 — 1745. Inscription et buste de Louis XV. Cuiv. B.
351 — 1760. Inscription et buste de Louis XV. Arg. B.
352 — 1780. Inscription et buste de Louis XVI. Arg. Octog. TB.

353 *Saint-Eustache*. Les marguilliers, 1726. Saint Eustache devant le cerf. ℟. Deux palmes enlacées dans un cor de chasse. Arg. TB.

354 *Saint-Barthélemi*. Buste de Louis XVI, à dr. ℟. La Religion debout. Cuiv. B.

355 *Sainte-Geneviève*, 1702. La sainte debout. ℟. Procession Cuiv. AB.

356 — 1740. Autre variété. Coin de Roettiers. Cuiv. B.

357 *Saint-Germain-l'Auxerrois*, 1734. Tête de Louis XV, à dr. ℟. VERA EST CONCORDIA. Saint Germain et un clerc debout. Arg. troué. B.

358 *Saint-Gervais et saint-Protais*. Confrérie du saint nom de Jésus et du saint Sauveur. Tête de Louis XVI et monogr. du Christ. Cuiv. B.

359 *Saint-Jacques-l'Hôpital*. Chanoines. Deux coquilles; au-dessus et au-dessous, un I couché. Revers pareil ; à l'avers avec une étoile en contremarque. Cuiv. B.

360 — Coquille brochant sur un bourdon accosté de I D. ℟. Clef posée en pal. Cuiv. B.

361 — Jeton, 1647. Cuiv. B.

362 *Saint-Jacques*. Marguilliers. Tête de Louis XIV, à dr. Coin de Roussel. ℟. ITQUE DOCETQUE VIAM. Saint Jacques debout ; à l'exergue, 1703. Cuiv. FDC.

363 — Buste de Louis XV, à dr. Coin de C. Roettiers. Revers pareil au précédent. Arg. TB.

364 — Tête de Louis XV, à dr. Coin de Marteau (1741). Revers pareil au précédent. Arg. FDC.

365 *Saint-Jean-Baptiste* (Belleville). INDICAT ILLE NOMINEM. Saint Jean-Baptiste debout de face ; à l'exergue, 1686. ℟. DETEGIT ILLE DEUM. Saint Jean L'Évanliste accompagné de l'aigle symbolique. Arg. B.

366 *Sainte-Madeleine-en-la-Cité*. Buste de Louis XVI, à dr. ℟. La Sainte pleurant devant ses bijoux. Coin de Dumarest. Cuiv. B.

367 *Saint-Pierre-de-Chaillot*, 1780. Buste de Louis XVI, à dr. Coin de Gatteaux, ℟. Les clefs de Saint-Pierre surmontées de la tiare. Cuiv. B.

368 *Saint-Sauveur.* Cie du Saint-Sacrement et du saint nom de Jésus. Tête de Louis XVI, à dr. ℟. Le Saint-Sacrement au-dessus de IHS; au-dessous les trois clous et la date. 1755. Cuiv. TB.

369 *Saint-Manuel.* 1, 2 et 3 sols, 1634. Cuiv. — 3 p. FDC.

370 Communautés religieuses. Secours en argent distribués par la cassette royale sous Louis XV. Arg. FDC.

371 Même jeton. Cuiv. TB.

372 Jetons et méreaux divers. Arg. et cuiv.

PROVINCES

373 *Vincennes.* Fleur de lis entre deux clous, deux rosaces et deux plantes. ℟. Dans le champ, IIII; au-dessous, deux lis (Cat. Rouyer 452). Laiton. B.

374 *Marly.* Tête de Louis XIV, à dr. Coin de R. ℟. Les jardins de Marly ; à l'exergue. ÆDIF.REG. 1701. Arg. TB.

375 — Jeton des bâtiments, 1684. Machine de Marly. Cuiv.

376 — Jeton des bâtiments, 1705. Globes posés à Marly. Cuiv. B.

377 Trianon, 1689. Tête de Louis XIV et vue du château. Cuiv. B.

378 *Saint-Germain-en-Laye.* Manufacture des cuirs. 1757. Buste de Louis XV, à dr. ℟. ALTIS SIC PROVIDUS IMIS. Berger debout jouant de la cornemuse, au milieu de son troupeau. Arg. TB.

379 *Argenteuil.* La sainte chemise entre deux fleurs de lis. ℟. Croix feuillue. Laiton. B.

380 *Maintenon.* Aqueducs. Jeton des bâtiments, 1681. Cuiv. B.

381 *Mantes et Chartres.* Trois jetons variés. Cuiv. et arg. B.

382 *Rouen*, s. d. Armes de la ville. ℟. Armes de Henri II. Laiton. B.

383 — Chambre des Comptes, 1569. Cartouche aux armes de la ville. ℟. Femme assise à g., tenant un écusson et une clef, devant elle une corne d'abondance. Laiton. B.

384 — Cartouche aux armes de la ville. ℟. Cartouche aux armes de Charles IX, 1574. Laiton. B.

385 — Écu de la ville. 1608. ℟. Armes de France et de Navarre. Coin de Briot. Laiton. TB.

386 — 1629. Écu de la ville. ℟. .+.OBSEQVIT.+.ROBVR .+.Chariot chargé de ballots et traîné par un bélier venant s'abreuver à la rivière où se voit un navire. Laiton. B.

387 — 1632. Écu de la ville. ℟. DABIT.DEVS.HIS.QVOQVE.FINEM. Femme agenouillée dévidant un écheveau. Laiton. B.

388 — 1638. Écu de la ville. ℟. Grue. Laiton. TB.

389 — 1659. Cartouche aux armes de la ville. ℟. FERT PACEM, etc. Colombe portant un rameau et volant au-delà d'un détroit. Cuiv. TB.

390 — s. d. Tète de Louis XIV, à dr. ℟. Coin de Loir. ℟. LA.VILLE.DE ROVEN. Navire. Cuiv. FDC.

391 — 1701. Hommage des Espagnols au duc d'Anjou. Cuiv. moderne. FDC.

392 — 1707. Tète de Louis XIV, à dr. ℟. Cartouche aux armes de la ville. Cuiv. FDC.

393 — s. d. Buste de Louis XIV, à dr. ℟. Les armes du vieux et du nouveau Rouen sur un cartouche. Arg. TB.

394 — Le Couteulx (A.-L.), maire, 1764. Ses armes et celles de la ville (Florange, *Armorial du Jetonophile* n° 824), Arg. TB.

395 — Bigot de Sommesnil, maire, 1779. (Florange, *Armorial du Jetonophile* n° 414). Arg. Octog. TB.

396 — Chambre de commerce, 1703. Bûste de Louis XIV, à dr. Coin de Th. Bernard. ℟. SOLE.FOVENTE DITESCVNT. Lis sous un soleil, entre l'écu de Normandie et celui de Rouen. Cuiv. TB.

397 — Apothicaires et épiciers (1715) LUD.MAG.ARTIS MED*. PROTECTOR. Buste de Louis XIV, à dr.; au-dessous, P.R. ꝶ. PER.NOS.TVTO.ET.FIDE. Mortier avec son pilon couronné. Cuiv. troué. TB.

398 Faucon de Ris, 1er prés. au Parlement de Rouen, s. d. (vers 1643). Ses armes et les armes de France (Florange, *Armorial du Jetonophile*, n° 603). Cuiv. B.

399 Fonderies de Maromme, 1790 et méreau à l'R. Cuiv. — 2 p. B.

400 *Bretagne* (États de). s. d. (Robert, I. 1). Cuiv. B.

401 — 1677 (Robert, p. 15). Cuiv. B.

402 — 1715 (Robert, p. 33). Cuiv. FDC.

403 — 1774 (Robert I, 10). Cuiv. B.

404 — 1784. Arg. TB.

405 *La Rochelle*. Fêtes données à l'occasion de la paix d'Utrecht, 1713. INFATIGABLE DANS SON COMMERSE (*sic*). Vaisseau. ꝶ. TOVIOVRS BRILLANT EN·PVBLIS (*sic*). Portique avec feu d'artifice. Cuiv. FDC.

406 — Juge et consuls. Buste de Louis XVI, à g. Coin de Trébuchet. Revers de 1760. Arg. B.

407 *Brest*. Académie de la marine, 1778. Buste de Louis XVI, à g. Coin de Droz. ꝶ. Vaisseau. Coin de Duvivier. Arg. TB.

Cette Académie fut établie à Brest en 1752.

407 *bis*. *Canal de Briare*? Dans le champ. VIA LIGERIS IN SEQUANAM. 1606. ꝶ. ❀ FVLCIMENTVM LABORIS. Gerbe de blé. Cuiv. B.

408 *Bourges* (Chambre des comptes de). Trois béliers posés 2 et 1, dans un contour de 16 arcs. ꝶ. :+: GARDE : TOI : BIEN : DE : TOI : MESCOMPTER : Croix fleurdelisée cantonnée de quatre couronnes. Cuiv. B.

409 — Deux autres jetons variés. B.

410 *Bordeaux*. Municipalité. Buste de Louis XV, à dr. ꝶ. Armes de la ville. Arg. 2 var. Coins de Marteau et de Duvivier. B.

411 *Bayonne*. Municipalité, 1738. Buste de Louis XV, à dr.

℟. Écusson de la ville. Coin de Roettiers fils. Arg. TB.

412 *Languedoc* (États de). 1654, 1667 et 1678. Cuiv. — 3 p. B.

413 — 1698 et s. d. Cuiv. 4 var. B et TB.

414 — 1709. Cuiv. TB.

415 — 1724. Cuiv. FDC.

416 — 1728. Arg. B.

417 — 1733. Buste de Louis XV, à dr. ℟. Statue équestre. Arg. TB.

418 — 1744. Arg. TB.

419 — 1755. Arg. TB.

420 — 1778. Cuiv. B.

421 — 1786. Arg. FDC.

422 — 1787. Cuiv. TB.

423 *Toulouse.* Jeton de la loge « Union sincère » 1836; défaite des Espagnols à Leucate, 1637; etc. Cuiv. — 7 p.

424 *Clermont.* Saint-Genès. Le saint debout et église, 1656 (Fontenay, p. 198). Cuiv. Méreau contremarqué. B.

425 *Clermont et Riom.* Cuiv. 2 jetons argentés. TB.

426 *Vienne.* Saint-Maurice. ✠ SANCTVS⁝MAVRICIVS· Deux pigeons ℟. ✠ L ⁝ CLERICORVM ⁝ VIENE. Croix. Laiton. Méreau inédit. B.

427 *Grenoble*? EMPLOYEZ DES GABELLE DV ROI. Dauphin posé entre trois lis et surmonté d'une couronne royale. Revers lisse. Cuiv. Octog. B.

428 *Tournon.* Église Saint-Julien. Le saint debout. ℟. Les armoiries de l'église. Méreau du XVe siècle (Fontenay, p. 238). Laiton. B.

429 *Lyon.* Vue de la ville du côté de la Saône. ℟. La Saône et le Rhône. Petit jeton en laiton. B.

430 — Chambre de commerce, 1708. Cuiv. FDC.

431 — Méreau du collège de la Trinité. Cuiv. B.

432 — Jetons et plombs. — 6 p. B.

433 *Digoin* (Bureau de). Fermes royales sous Louis XIV. Méreau surfrappé. Cuiv.

434 *Sens.* Gondrin, archevêque, 1657. Laiton, troué.

435 *Reims*. Sacre de Henri III, 1575. Avers du coin du quart de franc frappé à Paris. ℟. Le Saint-Esprit avec l'Ampoule. (Blanchet 5). Bill. B.

436 — Sacre du même. Autre variété (Blanchet 3). Laiton. B.

437 — Sacre de Louis XIII, XIV et XV. Arg. et cuiv. — 10 p. B.

438 *Reims*. L'archevêque Saint-Nicaise de face. ℟. Dans le champ, en deux lignes : S^T^ NICAISED, 1750. Jeton gravé au burin. Cuivre jaune. TB.

Ce saint est invoqué contre la peste, le choléra, etc.

439 *Châlons*. Jeton de l'hôtel de ville sous Louis XV. Arg. TB.

440 *Château-Thierry*. Arquebuse, 1827. Arg. octog. TB.

441 *Nogent-sur-Seine*. Notaires sous Charles X. Arg. octog. FDC.

442 *Troyes*. ❀ REGIS ❀ ET ❀ ❀ PATRIÆ. Écu aux armes de la ville, au-dessous, 1649. ℟. NVSQVAM. NON.IVSTA.REQVIRIT. Main céleste tenant une balance; au-dessous, 1649. Laiton. TB.

443 — Notaires sons Louis XVIII. Arg. FDC.

444 *Sedan* (?) Manufacture Paignon établie en 1644. Br. octog. TB.

445 *Soissons*. Notaires. Buste de Louis XVI, à dr. ℟. Cartouche couronné aux armes de Soissons. Arg. TB.

446 — Hotman, seigneur de Morfontaine, abbé de Saint-Médard, 1630. Ses armes et buste de Louis XIII (Florange, *Armorial du Jetonophile*, 720). Cuiv. B.

447 *Artois* (États). Buste de Louis XVI, à g. Coin de Bernier. ℟. Les armes des États. Cuiv. octog. FDC.

448 *Valenciennes*. RESTAURA LA CONFRAIRIE DE St JACQUES LE GRAND. Cartouche couronné et enguirlandé aux armes d'Albert de Bavière, comte de Hainaut; au-dessous, le nom du graveur : DESP ; à l'exergue, L'AN 1400. ℟. DECUS ET MERCES. Chapeau sur un bourdon et un sabre, posés en sautoir

et attachés à un ruban ; à l'exergue : FRAPPÉ L'AN 1789. Arg. troué, mais très beau et très rare.

Les confrères de Saint-Jacques fondèrent au XVIIe siècle à Valenciennes la maison de l'Hôtel-Dieu (Hospices).

449 *Dunkerque*. Buste de Louis XIV, à dr. ℟. SIC.VINCIT. AMICOS Pluie de monnaies tombant sur Dunkerque. Cuiv. jaune. B.

450 — HARPYAS.PELLERE.REGNO. La Justice assise chassant deux harpies ; à l'exergue, 1663. ℟. ICTV. FVLMINEO.POTENTIOR. Pluie de monnaies tombant sur une tour placée dans la mer ; derrière, la ville de Dunkerque. Arg. TB. Rare.

Allusion à l'acquisition de Dunkerque en 1662.

451 — Le Prince de Galles revient à Dunkerque (1708). Grand jeton en cuiv. TB.

452 *Furnes*. Les huit paroisses de la Flandre occidentale. Tête de Louis XIV, à dr. ℟. Lion debout, march. à g. et clef posée en pal (Fontenay, p. 122). Cuiv. TB.

453 Couhé de Lusignan, 1708. Écussons et la Mélusine (Florange, *Armorial du Jetonophile*, 533). Cuiv. B.

454 M. Ruzé d'Effiat, grand maître des mines, 1633. Cuiv. B.

455 *Bruxelles*. Soc. de médecine, an XII. Buste de Vesale, à g. regardant en face. ℟. Inscription dans une couronne. Arg. Coin de Merlen, graveur français. Arg. TB.

MÉDAILLES FRANÇAISES

456 *Henri III*. Buste du roi, à dr. ℟. TE COLLO TRAIANO, etc. Apollon, la tête radiée, appuyé d'une main sur un arc et tenant de l'autre main une corne d'abondance renversée, pose un pied sur la tête du serpent Pithon, qu'il vient de terrasser. Br. 42 mm. B.

457 *Marie de Médicis et Louis XIII*. Br. 6 pièces variées. B.

458 *Anne d'Autriche et Louis XIV*. Br. 3 p. variées. B.

459 *Louis XIV*. Création de l'Académie de peinture et de sculpture de Paris et de Rome, 1647. Coin de Molart. Br. 65 mm. FDC.

460 — Sacre de Reims, 1654. Br. 41 mm. TB.

461 — Construction du fort Saint-Nicolas à Marseille, s. d. (1660). Vue du port, de la citadelle et d'une partie de la ville. Br. 51 mm. FDC.

462 — Le duel aboli, s d. (1662). Br. 70 mm. FDC.

463 — Libéralité du roi pendant la famine, 1662. Br. 51 mm. FDC.

464 — Promotion des chevaliers du Saint-Esprit, 1662. Br. 70 mm. FDC.

465 — Pose de la première pierre de l'écluse de l'embouchure à Toulouse, 1667. Br. coulé. 52 mm. B.

466 — Prise de Tournay et de Courtray, 1667. Buste du roi, à dr. R'. Louis XIV, vêtu à l'antique, debout de face, et couronné par la Renommée, reçoit les clefs des deux villes ; à dr. le dieu de la Lys, debout et à g. celui de l'Escaut couché. Br. 88 mm. FDC.

467 — Déroute du comte de Marsin et du prince de Ligne près du canal de Bruges, 1667. Coin de Dollin. Br. 73 mm. FDC.

468 — Conquêtes de la Flandre et de la Franche-Comté. Arc de triomphe établi au faubourg Saint-Antoine, 1670. Br. 50 mm. FDC.

469 — Levée du siège de Charleroi, de celui de Woerden et conquêtes du roi en Hollande, 1672. Br. 41 mm. 3 var. FDC.

470 — Grand médaillon ovale de Bertinet, 1672. Br. B.

471 — Vains projets des Hollandais, 1674. Buste du roi, à dr. R'. La France assise au bord d'une plage ; devant elle, trois Génies jouant sur le sable avec des coquillages : dans le fond, la flotte hollandaise. Br. 69 mm. FDC.

472 — Nouvelle levée du siège de Charleroi, 1677, bombardement d'Alger, 1683 et paix avec Alger, 1684. Br. 41 mm. — 3 p. FDC.

473 — Construction de 40 galères à Marseille, 1688. — 15 galères au Havre, 1690. Br. 41 mm. — 2 p. FDC.

474 — Délivrance de Québec, 1690. — Prise de Nice, 1691. Br. 41 mm. — 2 p. FDC.

475 — Prise de Mons, 1691, de Namur, 1692 et de Charleroi, 1693 et bataille de Nerwinden, 1693. Br. 41 mm. — 4 p. B. et FDC.

476 — Le Chapus, port de guerre sur l'Atlantique, en face de l'île d'Oléron. Buste du roi, à dr. (Coin de l'écu). ℟. SECVRITAS-LITTORVM. Vue du château fort en 1694. Cuiv. rare.

477 *Philippe d'Orléans, régent.* Renouvellement de l'alliance avec les Suisses catholiques. 1715. Br. 59 mm. FDC.

478 *Louis XV.* Ses fiançailles en 1721, etc. Br. 41 mm. — 5 p. FDC.

479 — Cessation de la peste en Provence, Dauphiné et Languedoc, 1723. Br. 41 mm. FDC.

480 — Insigne, 1724. VERA FIDES PIETASQUE VIRIS QUI CASTRA SEQUUNTUR. Pièce à bélière. Arg. doré. TB. Rare.

481 — Son mariage à Fontainebleau, 1725. Cérémonie religieuse. ℟. Le bon vieillard (Fête des bonnes gens). Arg. 42 mm. TB.

482 — Jolie méd. relative au mariage du roi, 1725. Coin de Westner. Arg. 38 mm. TB.

483 — Pont de Compiègne, 1740; statue équestre à Bordeaux, 1743, etc. Br. 41 mm. — 3 p. FDC.

484 — Prise de 6 villes de Flandre, 1746. Paix d'Aix-la-Chapelle, 1748. Chambre de commerce de Rouen, 1752. Br. 41 mm. — 3 p. FDC.

485 — Première pierre de la nouvelle église de Saint-Germain, 1766. Br. 41 mm. FDC.

486 — Prix pour les chirurgiens de la Marine, 1768. Br. 41 mm. FDC.

487 — Restauration de l'Université de Perpignan, 1769. Br. 41 mm. FDC.

488 — Construction du pont de Neuilly, 1772. Br. 56 mm. FDC.

489 *Louis XVI.* Son mariage, 1770. Arg. 35 mm. TB.

490 — Sacre à Reims, 1775. Arg. 38 mm. TB.

491 — Même pièce. Br. 42 mm. FDC.

492 — Même sujet, pour la ville de Troyes, 1775. Br. 42 mm. FDC.

493 — Même sujet, pour les six corps des marchands de Paris, 1775. Br. 41 mm. FDC.

494 — Renouvellement de l'alliance avec les Suisses, 1777. Br. 42 mm. TB.

495 — Canal du Centre, de la Saône à la Loire, à la Seine, et au Rhin, 1783. Br. 50 mm. TB.

496 — Jonction souterraine de l'Escaut à la Somme. La province de Picardie, 1785. Épreuve de Dupré. Étain. TB.

497 — Pont de Louis XVI à Paris, 1788. Br. 56 mm. FDC.

498 — Visite à la Monnaie de Paris des ambassadeurs de Tippou-Sahib, envoyés en France pour solliciter l'alliance française contre l'Angleterre, 1788 (Zay, p. 293). Br. 37 mm. FDC.

499 — Généralité de Paris, 1789 (Hennin 8). Br. 42 mm. TB.

500 — Le roi, la reine et leur fille. Méd. de Barre rappelant leur mort. Br. 41 mm. FDC.

501 — Louis XVII. Méd. rappelant sa naissance et sa mort. 3 var. FDC.

502 — Insigne ovale. Coin de Trébuchet (Henn. 284). Br. moderne. FDC.

503 *Révolution*. Lot de médailles diverses.

504 Robespierre. Grand médaillon de David d'Angers, 1835. TB.

505 Beauharnais (Alex.), général en chef de l'armée du Rhin. Épreuves du graveur Liénard (Henn. 631). Br. FDC.

506 Hoche, général en chef. ℞. Dans une couronne : WEISSEMBOURG.LANDAU, etc. Br. 41 mm. TB.

507 Institut national à Gênes, 1797 (Mill. 146). Br. Copie. FDC.

508 Suwarow, général en chef de l'armée russe. Ses succès en Italie. 1799 (Henn. 903). Étain. B.

509 Cliché de Liénard au buste du premier consul. Br. FDC.

510. Paix de Lunéville. Méd. d'Abramson, 1801 (Mill. 395). Arg. FDC.

511 Consulte italienne à Lyon, 1802. Épreuve. Br. FDC.

512 Monument érigé à Lavoisier par Dupré. 1802. Br. FDC.

513 Jeux maritimes à Marseille, 1803. Épreuve. Br. FDC.

514 Duc d'Enghien. Sa mort à Vincennes, 1804. Br. TB.

515 *Napoléon Ier*. Son couronnement. Arg. 3 var. TB.

516 — Académie des Beaux-Arts de Milan. IMPERIALE REGIA ACCADEMIA DELLE BELLE ARTI. Minerve assise, à g. ℟. Dans une couronne : PREMIO DI MILANO (Mill. 196 var.). 62 mm. FDC.

517 — Jetons pour les tables de jeu du Palais impérial (Mill 298 et 299). Br. — 2 p. FDC.

518 — Essai de Vassalo, 1807 (Mill. 443). Épreuves. Br. FDC.

519 — Paix et commerce. 1807. Épreuves. Br. FDC.

520 — Son mariage en 1810. Arg. 4 var. TB.

521 — — à Prague (Mill. 259). Épreuve. Br. FDC.

522 Insigne russe. Incendie de la ville de Moscou, 1812. Br. FDC.

523 Campagne de 1812. Méd. russe de 1825. Fonte de fer dans un cercle. 67 mm. TB.

524 Arquebuse de Château-Thierry, 1813. Br. FDC.

525 Médailles variées. Arg. et Br.

526 *Marie-Louise d'Autriche*, duchesse de Parme. Méd. de Santarelli, 1818. Pont sur le Taro. Br. FDC.

527 — Méd. du même, 1821. Construction du pont sur la Trebia. Br. FDC.

528 *Napoléon II*. Son buste, à dr. ℟. Inscription copiée sur son épitaphe à Vienne. Coin de Borrel, 1840. Br. 51 mm. FDC.

529 *Beauharnais* (Prince Eug.). Plaquette de 1825 et méd. 1824. Br. — 2 p. TB.

530 *Berthier*, prince de Neuchâtel et de Wagram. Plaquette de Caqué. TB.

531 *Bessières*, duc d'Istrie. Méd. de Caqué. Br. TB.
532 *Borghèse* (Pce Camille). Méd. de Rogat. Br. FDC.
533 *Lannes*, duc de Montebello. Méd. de Lefevre. Br. FDC.
534 *Masséna*, prince d'Essling. Méd. de Barre. Br. FDC.
535 *Maury*, grand aumônier du roi de Westphalie. Épreuve de Liénard. TB.
536 *Poniatowski*, maréchal de France. Méd. de Caunois. Br. FDC.
537 *Louis XVIII*, Insignes de 1815. Coin de Trébuchet, graveur français à Bruxelles. Arg. et Br. — 6 p. TB.
538 — Chambre des députés, 1818. Canal Saint-Martin, etc. Arg. et Br. — 32 p. TB. et FDC.
539 *Charles X*. Sacre à Reims, 1825. Arg. Br. et étain. — 6 p. TB.
540 — Même événement. Cérémonie du sacre. Coin de Gatteaux et de Barre. Br. 77 mm. FDC.
541 — Même événement. La Vendée assise, à g. Coin de Caqué. Br. 75 mm. FDC.
542 — Colonies françaises. Cours d'assises. Arg. 46 mm. FDC.
543 — Etablissements d'utilité et de salubrité publique sur la Seine à Paris, 1824, etc. Arg. et Br. — 30 p. TB. et FDC.
544 *Louis-Philippe*. Translation des cendres de Napoléon Ier aux Invalides, 1840. Méd. de Barre. Br. 70 mm. FDC.
545 — Exposition de 1844, etc. Br. — 45 p.
546 — Agrandissement du port du Havre, 1844. Méd. de Bovy. Br. 69 mm. FDC.
547 — Comice agricole de Seine-et-Marne. Prix de moralité. 1847. Br. 68 mm. TB.
548 *République de 1848*. Lot de médailles diverses. TB.
549 — Ministère de l'Intérieur. Au Cen Cœurderoy, élève interne en chirurgie. Dévouement aux blessés, juin 1848. Br. 52 mm. TB.
550 *Napoléon III et République*. Lot de médailles diverses Arg. et Br. TB.
551 **Bordeaux.** ✠ NON·ASPERNANDA·IVVENTVS. Tête

d'ange de face. ℞. ✠ QVÆ·PERFECTIORA·MOLITVR. Sous une couronne royale une boîte ornée de trois fleurs de lis ; au-dessous, la lettre K. Br. 25 mm. TB.

552 — Statue équestre de Louis XV, 1733. ℞. Vue de la place. Br. 59 mm. TB.

553 **Le Mans.** VIVE LA NATION LE ROI ET LES LOIX. Cartouche aux armes de la ville. ℞. HOPITAUS MILITAIRES. Coq sur un faisceau entouré du serpent. Étain. 27 mm. TB.

554 **Lyon.** Construction de la chapelle des Pénitents du Confalon, 1631. Vue du portail édifié par les soins de Charles de Neufville, marquis d'Halincourt, lieutenant général du Lyonnais (*Trésor de num.*, XXXIX, 1). Br. 59 mm. TB.

555 **Paris.** Service municipal : eaux, assainissement, canaux, 1837. Br. 51 mm. FDC.

556 — Méd. maçonnique au nom du F.·. Al.·. Cadet, 1865, Br.

557 Ambulances de la presse et compagnie humanitaire italienne. Siège de Paris, 1870 — 1871. — 3 p. TB.

558 **Poitiers.** Méd. offerte en 1786 par la ville à Boula de Nanteuil, son gouverneur, pour services rendus pendant la disette. Arg. 54 mm. TB.

559 **Soissons.** Ch.-Fr. Le Febvre de Laubrière, évêque, 1735. Les armes. ℞. MATERNIS AUSIBUS AUDAX. Aigle et aiglon volant vers le soleil. Br. 46 mm. FDC.

560 — Même pièce, mais aux armes du duc de Fitz-James, pair de France et évêque, 1742. Br. 46 mm. FDC.

561 — Forts de la ville, 1790 (Hen. 126). Br. B.

562 *Arago* (*Fr.*), astronome. Méd. de Bovy, 1843. Br. 56 mm. FDC.

563 *Bouret*, fameux financier. Méd. offerte en 1747 par les États de Provence pour services rendus pendant la disette. Br. 73 mm. TB.

564 *Chamillart* (*M.*), contrôleur général des finances. Son buste et ses armes. Coin de Roussel. Br. 59 mm. FDC.

565 *Chevalier* (*N.*), président des aides et chancelier de la reine Anne, 1630. Br. 50 mm. Pièce uniface. B.

566 *Clairon de la Tude*, célèbre tragédienne. Méd. de Jungberger, graveur suédois résidant à Paris, 1764. Br. 45 mm. TB.

567 *Colbert* (*J.-B.*), célèbre ministre de Louis XIV. Son buste et inscription. Coin de Roussel. Br. 59 mm. FDC.

568 *Duval*, docteur en médecine, à Argentan. Méd. décernée au concours de 1848 par la soc. de médecine pratique de la province d'Anvers. Br. doré. 32 mm. TB.

569 *Fleury*, cardinal, évêque de Fréjus, puis ministre, 1736. Coin de Dassier. Br. 54 mm. TB.

570 *Fontenelle* (*B. de*), poète, littérateur et académicien, né à Rouen. Méd. de Curé, 1730. Br. TB.

571 *Grolier* (*Ch.*), prévôt des marchands de Lyon. Grand méd. de Warin. Br.

572 *Lamartine*, né à Mâcon. Grand méd. de Bovy, 1848. Étain doré. 75 mm. TB.

573 — Trois autres petites méd. variées de 1848. Br. FDC.

574 *Lautrec* (*Gelas de Voisins dit le Cte de*), originaire de la Guyenne, ambassadeur français à Genève, 1738. Méd. de Dassier. Br. 54 mm. TB.

575 *La Valette* (*J. Parisot de*), grand maître de Malte. Son buste, à g. ℞. HABEO.TE. Éléphant portant une tour, etc. (Siège de Malte par les Turcs). Br. doré. 58 mm. B.

576 *La Valette* (*J.-L. Nogaret de*), duc d'Épernon, colonel général de l'infantrie, gouverneur de Provence, etc. Jolie méd. de Dupré, 1607. Br. à bélière. 56 mm. TB.

577 *Lebrun* (*Ch.*), célèbre peintre. Méd. de Bernard, 1684. Br. 55 mm. FDC.

578 *Percier*, architecte. Sa mort, 1840. Br. 72 mm. FDC.

579 *Quinault*, poète dramatique. Méd. de Curé, 1718. Br. TB.

580 *Rohan* (*H. de*), duc et pair, colonel des Suisses et des Grisons. Méd. s. d. Br. 44 mm. Pièce trouée. TB.

581 *Talaru* (*J. de*), archevêque de Lyon, 1515. Son buste,

à dr. ℟. Ange agenouillé tenant l'écu a ses armes. Br. 48 mm. B.

582 *Titon du Tillet* (*Maximilien*), intendant des manufactures d'armes, 1705. Coin de Roussel. Br. 59 mm. TB.

583 *Titon du Tillet* (*Evrard*), conseiller au Parlement de Paris, 1718. Méd. de Curé. Br. 57 mm. B.

Il chargea Curé d'exécuter à ses frais une suite de médailles à l'effigie des poètes et des artistes du règne de Louis XIV.

584 Lot de médailles variées en bronze.

COLLECTION DE CAMBRÉSIS *

585 *Nicolas.* Double esterling (IV. 5). TB.

586 *Enguerrand.* Esterling aux armes du comté de Cambrésis (V. 5). TB.

587 *Guill. de Hainaut.* Esterling (VI, 2). TB.

588 *Pierre IV.* Gros à la queue. Imitation de la pièce royale.

589 *Maximilien de Berghes.* Écu, 1569 (6 var.). TB.

590 — Pièce de 5 patars (XXI. 3). TB.

591 — Pièce de 5 gros et patar (XXI. 5 et 8). — 2 p. B.

592 — Ses armes. ℟. Horloge avec son contrepoids. 1561. Jeton. Arg. TB. Rare.

593 Commis des fortifications, 1579 (XXXIV. 2). Jeton en cuiv. troué, mais beau.

594 *Henri II.* Siège de 1595. 20. 10, 5 et 1 patars (XL. 3, 4, 6 et 8). 5 var.

595 Monnaies et méreaux divers. Cuiv. — 21 p. B.

596 Quatre jetons variés. Cuiv.

597 *Louis XIV.* Prise de Cambrai, 1677 (XLVI. 2). Br. 49 mm. TB.

598 — Même sujet. Coin de Mauger. Br. 41 mm. TB.

599 — Jeton au W couronné (XLVII. 3). Cuiv. B.

600 Méd. au Saint Luc et à la Vierge. Arg. octog. B.

601 Plaques de crieur public, d'allumeur, de jaugeur de bois, etc. — 5 p. B.

* Robert. Numismatique de Cambrai.

602 Médailles et jetons divers.

603 États sous Louis XV. Coin de Marteau. Jeton en arg. 2 var. (3 et 4). TB.

604 États sous Louis XVI. Coin de Trébuchet. Jeton en arg. (L. 7). FDC.

605 Congrès de Cambrai, 1722. Jeton aux armes du Cte Léop. Victorin de Windisch-Graetz, ministre plénipotentiaire de l'Empire (XLVII. 8. —Florange, *Armorial du Jetonophile*, 1304). Cuiv. B.

MONNAIES, MÉDAILLES ET POIDS

606 **Mexique.** *Louis I.* Proclamation, 1724 (Fonr. 6279). Arg. Fonte originale. TB.

607 — *Charles IV.* Proclamation de 1789. Br. TB.

608 — *Ferdinand VII.* Académie de Mexico, 1809. Coin de Guerrero. Br. 50 mm, B.

609 — EL VALOR LEALTAD, etc. Applique ovale. repoussée et signée : N. Roche. Arg. 47 × 57 mm. B.

610 — Peso 1819 et 1822. 2 var. TB.

611 — *République.* Toston, 1843. Constitution. TB.

612 — Demi-peso. 1863. FDC.

613 — *Maximilien.* Peso et demi-peso, 1866. FDC. et B.

614 — — Méd. militaire gravée par Stern, Paris. Br. FDC.

615 **Mexique, Costa-Rica, Honduras.** Arg. et cuiv. — 6 p. B.

616 **Bolivie.** Peso, 1834 et 1849 et demi-peso, 1830 et 1856. — 4 p. TB.

617 **Pérou, Rép. argentine**, etc. Arg. et cuiv,

618 *Bellini (Laurent)*, célèbre anatomiste florentin. Médaillon uniface (Kluysk, p. 103). Br. 93 mm. TB.

619 *Cardinal Farnèse.* Méd. 1575. Br. B.

620 *Christine de France*, duchesse de Savoie. Méd. de G. Dupré, 1635. Br. à bélière. 52 mm. TB.

621 *Passerus (Marc-Antoine)*, célèbre médecin. Méd. du Padouan. Buste et mausolée. Br. 37 mm. TB.

622 *Tommasini*, professeur de médecine. Méd. offerte en 1822 par ses élèves (Kluysk, p. 506). Br. TB.

623 Empereurs romains. Médailles du Padouan. etc. Ay. et Br.

624 *Homère*, prince des poètes. Médaillon uniface signé PESEZ. Br. 61 mm. TB.

625 Saint Martial délivre de la possession du démon la fille du seigneur Arnould à Toulx-Sainte-Croix, près Boussac (Creuse). Bouton du XVIe siècle. TB.

626 **Pamiers** (Ariège). Demi-quarteron. Le Cte de Foix, coseig^r de Pamiers, armé de toutes pièces galopant, à g. ℟. Château et le bateau miraculeux de saint Antonin flottant sur la rivière et conduit par un aigle. XVe siècle. B. Rare.

L'abbé de saint Antonin était également coseigneur de Pamiers.

627 **Toulouse**. Sept poids variés. B.

628 **Nîmes**. Poids en forme d'écusson, avec contremarque.

629 Poids monétaires divers.

630 **Le Mans**? Applique ovale aux armes épiscopales. Cuiv. TB.

LIVRES DE NUMISMATIQUE

631 *Duby*. Recueil général des pièces obsidionales. Paris, 1786, avec planches, in-fol. Relié.

632 *Duby*. Traité des monnaies des barons. Paris, 1790. 2 vols in-fol. avec planches. Relié.

633 *Fontenay*. Manuel de l'amateur de jetons. Dijon, 1854. Rel.

634 *Le Blanc*. Traité historique des monnoyes de France. Paris, 1690, in-4°, avec nombreuses planches. Relié.

635 *Millin et Milllingen*. Histoire métallique de Napoléon. Paris, 1854 in-4°, avec 74 planches. Relié.

636 Médailles du règne de Louis XIV. Paris, 1702, avec nombreuses planches, in-4°. Relié.

637 *Mailliet*. Monnaies obsidionales et de nécessité. Catalogue de vente (1886), avec nombreux dessins et liste des prix. In-8°. Rel. — Ouvrages et catalogues divers.

MACON, PROTAT FRÈRES, IMPRIMEURS.

VIENT DE PARAITRE :

FLORANGE (J). *Armorial du Jetonophile*, Paris, 1902, in-8, avec 122 vignettes dans le texte. Prix : 15 fr.

COMPTES RENDUS EXTRAITS DE :

1° *Revue belge de numismatique*, 1902, p. 254.

Le jeton est, incontestablement, une mine précieuse de renseignements pour l'héraldiste ; aussi ne pouvons-nous que féliciter M. Florange d'avoir eu l'idée de grouper en un volume la description des jetons français à armoiries. Malheureusement, il semble que l'auteur se soit borné presque toujours à nous faire connaître les pièces de sa collection particulière, qui doit être fort belle d'ailleurs, puisque l'*Armorial du Jetonophile* ne compte pas moins de 1.317 numéros.

Le catalogue de M. Florange se divise en deux parties : les jetons à armoiries de la famille royale, les jetons à armoiries de personnages.

Tel quel, le travail de M. Florange facilitera grandement aux collectionneurs le classement et la détermination des jetons français et les renseignera utilement sur leur valeur respective, l'auteur ayant eu soin d'indiquer les degrés de rareté.

A. de W.

2° *Monthly Numismatic Circular*, 1902, p. 5215.

M. Florange a eu l'excellente idée de publier un catalogue des jetons français étudiés au point de vue de leurs armoiries. Son travail, rédigé avec tout le soin minutieux et l'exactitude qui caractérisent les ouvrages de l'auteur, est appelé à rendre de grands services, non seulement à l'amateur des jetons armoriés, mais aussi à l'historien et au généalogiste. Nul n'était mieux qualifié que M. Florange, qui a fait depuis nombre d'années une étude spéciale du jeton, pour combler une lacune qui existait encore dans la numismatique française, et il s'est acquitté de cette tâche admirablement. Comme le disait M. Prou, l'étude des jetons n'est intéressante que si elle donne occasion à des recherches historiques et si elle fournit le moyen d'élucider des points controversés. C'est bien là le but que s'est proposé M. Florange en préparant l'*Armorial du Jetonophile* auquel nous souhaitons le plus favorable accueil, propre à encourager l'auteur à publier sans retard la description supplémentaire qu'il annonce dans sa préface.

L. F.

MACON, PROTAT FRÈRES, IMPRIMEURS.

www.ingramcontent.com/pod-product-compliance
Ingram Content Group UK Ltd.
Pitfield, Milton Keynes, MK11 3LW, UK
UKHW021041180726
13838UKWH00004B/1931

9 782329 356310